# Mi primera Enciclopedia de Winnie the Pooh

MAMÍFEROS

Edición de Ana Gertrudis Rejala
Diseño y diagramación de Alexandra Romero Cortina

GRUPO
EDITORIAL
norma

Bogotá, Barcelona, Buenos Aires, Caracas, Guatemala, Lima, México, Miami,
Panamá, Quito, San José, San Juan, San Salvador, Santiago de Chile, Santo Domingo

Versión en español por Editorial Norma, S.A.  A.A. 53550, Bogotá, Colombia.
Todos los derechos reservados para Argentina, Bolivia, Chile, Colombia, Costa Rica,
El Salvador, Ecuador, Guatemala, México, Panamá, Paraguay, Perú, Puerto Rico,
República Dominicana, Uruguay y Venezuela.

Printed in Colombia. Impreso en Colombia por  D'VINNI
Noviembre del 2003. ISBN 958-04-7768-X

www.disneylatino.com
www.norma.com

# Nota a los padres de familia

Esta instructiva enciclopedia sobre el mundo de los animales está dirigida a niños de preescolar. Winnie Pooh y sus amigos le presentarán a su hijo las múltiples criaturas que habitan dentro y fuera del Bosque de los Cien Acres. En este libro, Pooh y sus amigos incentivarán a los pequeños descubridores a hacer conexiones entre los animales y ellos mismos. Los capítulos de este libro están organizados para ayudar a los pequeños a reconocer las similitudes que tienen los animales entre ellos.

Los personajes del Bosque de los Cien Acres guiarán a los niños a través de las distintas secciones. Cada personaje le da vida al maravilloso mundo que va a ser revelado.

 **Pooh:** explora el mundo animal y comparte su capacidad de asombro a través del libro.

**Tigger:** introduce datos curiosos acerca de ciertos elementos tigerríificos de los animales.

 **Piglet:** invita a los niños a utilizar su nuevo conocimiento sobre animales, con páginas ilustradas de "mira y encuentra".

**Roo:** le pregunta a Cangu cosas simples sobre los animales y descubre datos fascinantes.

# Mi primera
# Enciclopedia
## de Winnie the Pooh

# MAMÍFEROS

# Pooh se pregunta....

$P$ooh estaba de paseo cuando de repente oyó un ruido conocido: *¡Boing!¡Boing! ¡Boing!*

–Hola Tigger –saludó Pooh. Tigger lo tumbó sin querer.

–¡Hola, Pooh! –dijo Tigger.

Pooh se levantó y se sacudió. –Mira Tigger; –dijo Pooh. –Me untaste de pelo. Es lindo y suave.

–¡Claro! –exclamó Tigger–. Todos los tigres tienen piel linda y suave. –Le tocó la barriga a su amigo y le dijo–, los ositos también–.

–Tienes razón –dijo Pooh–. ¿Eso quiere decir que los osos son una especie de tigre? ¿O que los tigres son una especie de oso?

–No sé Pooh, pero creo que deberíamos averiguarlo –dijo Tigger.

Pooh caminó y Tigger saltó hasta la casa de Conejo.

–¡Hola, Conejo! –Tigger cayó encima de Conejo. –¡Conejo, tú también tienes piel linda y suave! –exclamó Tigger.

–¡Eso quiere decir que los conejos son una especie de oso o tigre! –gritó sorprendido Pooh.

–¡No! –dijo Conejo. Todos tenemos piel porque somos mamíferos.

–¿Manimales? –dijo Pooh.

–Mamíferos –lo corrigió Conejo. Animal con piel.

–Pues supongo que a todos los manimales les gusta la miel –dijo Pooh pensativo. Los convido invito a comer un poco.

¡Ven, vamos a conocer algunos mamíferos!

Tú también eres un mamífero.

## —Búho, ¿qué es un mamífero?—

Un mamífero es un animal. Todos estos animales son mamíferos. Los mamíferos pueden ser grandes o pequeños, con rayas o moteados. Pueden ser de color marrón, blancos, negros e incluso rojos.

Los leones son mamíferos salvajes.

Los cerdos son mamíferos que viven en las fincas.

Los perros son mamíferos que viven en tu casa y son tu mascota preferida.

6

Los conejos son mamíferos con grandes orejas.

# ¿Qué hace que un animal sea mamífero?

Los mamíferos tienen vello o pelo.

- Los mamíferos cuidan muy bien a sus bebés.
- Los mamíferos toman la leche de su madre.

¿Adivina qué? Tú también eres un mamífero.

Los orangutanes son animales que tienen dedos en las manos y en los pies.

Los osos polares son mamíferos que viven en el Polo Norte.

7

# ¡Hola niñas y niños!

-Mi, mi nombre es Piglet. Creo que Christopher Robin también es un mamífero-.

## Recién nacido

¡Mira el bebé! Tiene pocas semanas de nacido. Como todos los mamíferos, creció dentro de su mamá hasta que nació. También tiene mucho pelo como muchos mamíferos. ¿Cómo eras tú cuando llegaste al mundo?

## Etapa de crecimiento

Este bebé tiene dos años. Al igual que tú, tuvo que aprender a caminar. Ahora, también puede hablar. Todavía necesita que alguien cuide de él. ¿Cuándo aprendiste tú a caminar? ¿Quién te cuida?

## Niñas y niños en la casa

Los seres humanos son mamíferos que viven en todas partes. Algunas personas viven en casas o en barcos. Otros viven en fincas, en apartamentos o chozas. ¿Dónde vives tú?

# ¡Hola, gato!

—¿Igor, puedes oír cómo ronronea ese gato?
Eso quiere decir que está feliz.
Debe ser divertido. No lo sé—.

## Recién nacido

¡Mira todos estos gatitos!
Tienen pocos días de
nacidos. Aún no pueden ver
ni oír. Están durmiendo.
Cuando despierten tomarán
la leche de su madre.

## Etapa de crecimiento

Ahora los gatitos tienen 4 semanas de
nacidos. Todavía necesitan a su mamá.
Ella los lame para limpiarlos.
Pronto aprenderán a
lamerse las patas y
limpiarse ellos
mismos.

## Gatos en la casa

Los gatos viven casi en todas partes.
Algunos viven con personas, pero hay
muchos gatos grandes que son salvajes.
Los gatos caseros como este necesitan que
la gente los cuide y los alimente.

# ¡Hola, perro!

–¡Igor, tal vez ese perro puede ayudarte a llevar unos palos para reconstruir tu casa!

### Recién nacido

Un perro bebé se llama cachorro. ¿Cuántos cachorros ves en esta foto? Estos cachorros tienen siete días de nacidos. No pueden oír ni ver. Beben la leche de su madre y duermen todo el día.

### Etapa de crecimiento

¡Mira quién ha crecido! Este cachorro tiene cuatro semanas de nacido. Ya puede ver y oír. Pronto le saldrán sus primeros dientes. Hasta entonces, necesita la leche de su mamá para crecer.

### Perros en la casa

Algunos perros viven con familias en la ciudad. Otros perros viven con familias en fincas. Este perro es un animal doméstico, pero hay perros de caza, perros policía, perros que llevan los rebaños y perros bomberos. ¡Los perros pueden realizar muchos trabajos!

# ¡Hola, conejo!

-¿Ah, Pooh, alguna vez has visto a un animal más formidable?-

## Recién nacido

Esta mamá conejo tiene cinco bebés. Los conejitos no tienen pelo cuando nacen. Se acurruca uno contra el otro para mantenerse calientes.

## Etapa de crecimiento

¡Mira! Los conejitos tienen dos semanas de nacidos. Ya tienen pelo y pueden saltar. Pronto tomarán su propio camino. ¡En tres o cuatro meses tendrán sus propios conejitos!

## Conejos en la casa

Los conejos viven en muchos sitios. Este conejo ha salido de su casa para buscar comida.

14

# ¡Hola, cerdo!

-¡Pooh, he invitado visita a mis nuevos amigos. Creo que tenemos mucho en común!-

## Recién nacido

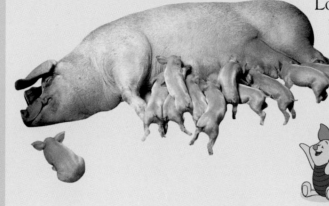

Los cerdos recién nacidos se llaman cerditos. Los cerdos tienen muchos cerditos al mismo tiempo. Los bebés chillan y hacen mucho ruido. Luego, hacen fila para beber la leche de su madre.

## Etapa de crecimiento

Los cerditos han crecido muy rápido. Tienen seis meses de nacidos. Sus pequeños chillidos ahora son gruñidos.

## Cerdos en la casa

Los cerdos viven en fincas. Les gusta comer maíz. Les encanta revolcarse en el barro. El barro los enfría en los días calurosos.

## No sólo los gatos tienen manchas.

Los bebés tapires de África del Sur también. Estas manchas ayudan al tapir a esconderse en el bosque. Cuando envejece, pierde sus manchas y queda de color marrón.

## Observa este volador peludo.

No es un pájaro, es una ardilla deslizadora de azúcar. Estos mamíferos en realidad no vuelan. Van de árbol en árbol deslizándose por el aire. Pueden deslizarse hasta 200 pies (más de 60 metros).

## ¿Este mono estuvo coloreando con témperas?

No, es así naturalmente. Este es un mandril. Estos monos son los más grandes de su especie. Sus caras son muy coloridas.

## ¡Oye, cuello largo!

Las jirafas son los animales más altos del mundo. Algunas pueden crecer hasta 20 pies (más de 6 metros). ¡Eso es del alto de una casa!

# ¡DATOS ★ ★ ★ TERRIFICOS!

**¿Sabías que tú tienes algo en común con los caballos?**

¡Los potros nacen sin dientes… y tú también! Tanto a las personas como a los caballos les salen dientes de leche y luego les salen dientes de adulto.

**¿Me estás sacando la lengua?**

¡Es morada! Los osos polares tienen la lengua morada. .

# ¡Hola caballo!

-¡Mira cómo corre Igor!
-Está en la habilidad de las patas, Pooh-.

## Recién nacido

Los caballos bebés se llaman potros. Acaba de nacer. ¡Mira sus largas patas! Aún no tienen demasiada fuerza, pero el potro se puede parar para tomar la leche de su madre.

## Etapa de crecimiento

El potro tiene seis meses de nacido. Está muy alto. Su pelo es de color marrón oscuro. Sus patas están muy fuertes. Puede correr con su mamá.

## Caballos en la casa

Algunas personas tienen caballos como mascotas. Sus dueños los alimentan y los cepillan. A los caballos les gusta comer heno. Una zanahoria es todo un deleite.

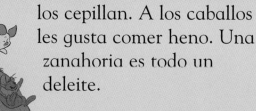

# ¡Hola ardilla!

-¿Ves cómo la ardilla sostiene la bellota? Qué buenos modales los de la ardilla. ¿No crees, Pooh?-.

### Recién nacido

¿Quiénes son estos pequeños bebés? Son ardillas. Una ardilla bebé se llama infante. Su nido se llama carretón. ¡Estos recién nacidos tienen el tamaño de una moneda!

### Etapa de crecimiento

Las ardillas tienen pelo, pero sus colas tendrán más pelo en el futuro. Las ardillitas necesitan dormir. En pocas semanas estarán jugando y corriendo todo el día.

### Ardillas en la casa

¡En sus marcas, listos, ya! Las ardillas, veloces, viven alrededor de los árboles. Bajan a la tierra para recoger nueces y semillas. Luego, vuelven a subir.

# ¡Hola puerco espín!

–Piglet, ¿cómo abrazas a un sujeto así?
–Con cuidado, Pooh–.

### Recién nacido

El bebé puerco espín nace con sus púas. Al comienzo eran muy suaves, ahora son muy puntiagudas. ¡Ay!

### Etapa de crecimiento

Este bebé tiene un mes de nacido. Es muy curioso, pero todavía obedece a su mamá. Ella le muestra qué comer. Juntos buscan ramitas y frutas.

### Puerco espines en la casa

¿Ves el puerco espín en el árbol? El bosque es su hogar. Cuando ve peligro, se esconde en el árbol. Puede trepar muy alto. Con sus pies se sujeta fuertemente sobre las ramas.

23

# ¡Hola, oso pardo!

—¡Piglet, creo que este sujeto tiene que comer mucha miel para llenarse!—

### Recién nacido

Los osos bebés se llaman cachorros. Cuando nacen, los cachorros son del tamaño de una ardilla. Por ahora, este cachorro se quedará dentro de su cómoda guarida.

### Etapa de crecimiento

Ya es primavera. Los cachorros han crecido mucho. Todavía se quedarán con su mamita. Ella los cuida. Ellos la siguen mientras todos buscan frutas dulces.

### Osos pardos en la casa

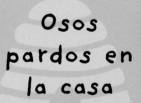

Los osos cafés viven en el bosque. Nadan y pescan en ríos cercanos. Ya llega el invierno. Para poder invernar, los osos deben llenar sus barrigas con comida.

# ¡Hola, león!

-Pooh, ¿ves el pelo que tiene ese león en la cabeza? Se llama melena. ¡Conejo, espero que tenga un buen cepillo!-

### Recién nacido

Los leones bebés se llaman cachorros. Este cachorro sólo tiene dos semanas de nacido. La mamá carga a su bebé en la boca. No te preocupes, es muy cuidadosa.

### Etapa de crecimiento

Estos cachorros ya tienen seis meses de nacidos. Su mamá les enseña a cazar y trepar. También gruñen y juegan en el pasto.

### Leones en la casa

Los leones viven en las praderas secas del África. Sus tardes son muy calurosas, demasiado calurosas para cazar. Así que los leones descansan y duermen. Cazarán en la noche.

# Rito quiere saber...

¿Hay mamíferos que pueden volar?

Sí. Los murciélagos pueden volar. También usan sus alas para calentarse mientras duermen boca abajo.

¿Los zorrillos en realidad huelen feo?

Sólo cuando liberan su hedor. Esto sucede casi siempre cuando tienen miedo. Primero zapatean como advertencia, pero si esto no funciona, ¡Cuidado!

## ¿Los koalas son osos?

No. Los koalas parecen ositos peludos, pero en realidad son primos de los canguros. Igual que los canguros, la mamá koala carga a su bebé en su bolsillo.

## ¿Todas las cebras tienen las mismas rayas?

No. Todas las cebras tienen su propio patrón de rayas. Eso las ayuda a diferenciarse unas de otras. .

## ¿Los osos polares sienten frío?

No. Los osos polares viven en el Norte, en el Ártico helado, pero no les molesta el frío. Su grueso pelaje los mantiene calientes.

## ¿Los camellos guardan agua en su joroba?

No. Los camellos guardan grasa en sus jorobas. Las jorobas de los camellos son como un maletín lleno de comida para los momentos en los que no hay suficiente para comer.

# ¡Hola, elefante!

-Si fuera elefante, probablemente también perdería mi trompa, Pooh-.

### Recién nacido

Los elefantes bebés se llaman becerros. Este becerro estuvo dentro de la barriga de su mamá durante casi dos años antes de nacer. Ahora, su mamá lo ayuda a pararse.

### Etapa de crecimiento

A los seis meses, el becerro comienza a comer plantas. Aprende qué comer tomando la comida de la boca de su madre. Seguirá tomando la leche de su mamá durante unos tres o cuatro años más.

### Elefantes en la casa

Hay muchos lugares en el mundo donde viven los elefantes. Se mantienen unidos en un mismo grupo llamado manada. Se cuidan mutuamente.

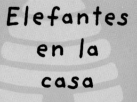

# ¡Hola, jirafa!

—Mira Piglet, esa jirafa tiene un cuello larguísimo. Se demora mucho en llegarle la comida a la barriga—.

## Recién nacido

Las jirafas bebés se llaman terneros. Este ternero acaba de nacer. Ya puede pararse solo. Beber la leche de su madre lo ayudará a crecer.

## Etapa de crecimiento

El ternero ya tiene un año. Mide 12 pies (3,65 m). Eso es el doble de lo que medía cuando nació. Seguirá creciendo hasta que tenga diez años.

## Jirafas en la casa

Las jirafas viven en las praderas secas del África. No les es fácil tomar agua. Tienen que extender mucho las piernas. Una jirafa puede tomar hasta cuatro galones (alrededor de 15 litros) de agua de una vez.

# ¡Hola, tigre!

–Piglet, ese sujeto se parece a alguien que conocemos, pero no sé a quién–.

## Recién nacido

Los tigres bebés se llaman cachorros. Estos cachorros son del tamaño de unos gatitos recién nacidos. Sus ojos y oídos aún están cerrados. Sin embargo, nacen sabiendo cómo tomar la leche de su madre.

## Etapa de crecimiento

Estos cachorros tienen seis meses de nacidos. Siguen a su mamá a todas partes. Ella les muestra cómo cazar comida. Deben quedarse callados, si no, les dirá que se comporten con un gruñido.

## Tigres en la casa

Algunos tigres viven en las selvas del Asia. Sus rayas y colores los ayudan a esconderse entre el pasto alto. Se mantienen muy callados cuando cazan.

Caminan muy despacio. Y de repente… ¡atacan!

# ¡Hola, cebra!

–¡Pooh, ese animal parece un caballo con pijamas de rayas! Entonces debe ser la hora de la siesta, Piglet–.

### Recién nacido

Las cebras bebés se llaman potrillos. Este potrillo recién nacido creció en la barriga de su mamá durante un año. En tan solo una hora, estará corriendo al lado de su madre.

### Etapa de crecimiento

Este potrillo ya tiene dos años. Como tú, vive con su familia. Las cebras andan juntas en grupos llamados manadas. Esta cebra se quedará junto a su familia por toda la vida.

### Cebras en la casa

Las cebras viven en las praderas secas de África. Comen mucho, mucho pasto. Hay veces que no llueve, y a las cebras les da mucha sed. Viajarán muchos kilómetros para encontrar agua.

# ¡Hola, orangután!

-¡Pooh, mira toda esa pelusa roja! —Es muy linda, Piglet-.

### Recién nacido

Los orangutanes bebés se llaman infantes. A la semana de nacido este infante todavía no puede gatear. Se agarra de su mamá. Ella lo lleva a todas partes. Hay veces se chupa el dedo.

### Etapa de crecimiento

◄ A los cuatro meses este infante aprende a buscar su comida y trepa muy bien.

Este orangután ya tiene seis años. Está preparado para andar solo. ►

### Orangutanes en la casa

Los orangutanes viven en las selvas húmedas de Asia. Se mantienen en las copas de los árboles. Las selvas están llenas de frutas. Ésta es la comida que más les gusta a los orangutanes.

## Este es un oso perezoso.

Es un animal muy lento. Pasa sus días colgado de los árboles boca abajo. ¡Qué oso tan perezoso!

## ¡Oye, tú, gato!

Los tigres quieren mucho a los demás tigres. Son los gatos más grandes. Son hasta más grandes que Tigger.

## ¿Esto es un animal o una cáscara?

¡Ambos! Este es un armadillo. Mira las escamas que tiene en la piel. Su piel es muy resistente y lo protege.

# ¡DATOS TERRÍFICOS!

## Este sujeto sorbe su comida.

Es un oso hormiguero. Los osos hormigueros tienen lengua larga y pegajosa. La utilizan para recoger hormigas. ¡Les encantan las hormigas!

## ¿Demasiado grande para nadar? No.

Los elefantes son muy buenos nadadores. La trompa del elefante funciona como un tubo de respiración (snorkel). Cuando un elefante se sumerge bajo el agua, su trompa se queda en la superficie para que pueda respirar.

## ¿Me puedes oír?

Claro que sí. Es un animal pequeño con grandes orejas y un muy buen oído. Este zorro puede oír a los insectos moverse por el suelo. ¡Primero los oye, y luego los recoge!

# ¡Hola, oso polar!

−Pooh, ¿tú crees que a estos osos polares les gustaría un poco de chocolate caliente?

### Recién nacido

Los osos polares bebés se llaman cachorros. Estos cachorros tienen aproximadamente cuatro meses de nacidos. Aún necesitan a su mamá. Se acurrucan con ella en el frío. Ella los calienta y los protege.

### Etapa de crecimiento

A los cachorros les encanta jugar. Ya tienen un año. Aunque son más grandes, todavía necesitan aprender cosas de su mamá. Ella les enseñará a pescar comida.

### Osos polares en la casa

Los osos polares viven en el Norte, en el Ártico helado, pero no les molesta el frío. Su grueso pelaje los mantiene calientes. Nadan en el agua helada y caminan sobre el hielo.

# ¡Hola, panda!

—Igor, ¿no parece como si alguien le hubiera pintado de negro los ojos y las orejas a ese panda?
—Pooh, ¿me puedes pintar con colores más alegres?

### Recién nacido

Los pandas bebés se llaman cachorros. Este cachorrito acaba de nacer. ¡Crecerá 900 veces más!

### Etapa de crecimiento

A los cuatro meses, el cachorro puede caminar solo. Gatea sobre su madre. Así aprende a trepar árboles. Al año, ya no toma la leche de su madre. Prefiere comer hojas.

### Pandas en la casa

Los pandas viven en un solo lugar en el mundo: China. Ahí crece su comida preferida, el bambú. Sostienen el bambú en sus patas… ¡y a comer!

# ¡Hola, canguro!

-Pooh, una bolsa en la barriga es el lugar perfecto para guardar a un bebé. Perfecto-.
-Conejo, si yo tuviera una bolsa en la barriga, la llenaría de miel-.

### Recién nacido

Los canguros bebés se llaman canguros jóvenes. Éste tenía el tamaño de un dulce cuando nació. Se esconderá en el bolsillo de su mamá por dos meses.

### Etapa de crecimiento

¡Observa quién mira a hurtadillas! Este cangurito ya está lo suficientemente grande como para salir de la bolsa, pero cuando siente miedo, vuelve a su escondite. Pronto, será demasiado grande para la bolsa de su mamá.

### Canguros en la casa

Los canguros viven en las praderas de Australia. El clima aquí es muy caliente y seco. Durante el día, los canguros descansan en la sombra. Por la noche salen a buscar deliciosas plantas para comer.

 # ¡Mira y encuentra con Piglet!

Ya que has aprendido sobre mamíferos, mira el dibujo y responde las preguntas.

- ¿Cuántos mamíferos hay en esta página?
- ¿Puedes encontrar a los puercos espines?
- ¿Cuántos conejos hay?
- ¿Cuántos animales están durmiendo?
- ¿Qué animal le está susurrando al oído a Igor?
- ¿Qué está parado al borde del abismo?
- ¿Quién sueña con hormigas?
- ¿Qué animal está durmiendo boca abajo?

48

## Respuestas

- 16: ardillas (4), Pooh, Igor, puerco espín (2), zorro, Tigger, Conejo, conejos (3), murciélago, venado
- 2
- 4, incluyendo a Conejo
- 4, Búho, Igor, la ardilla en el árbol y el murciélago
- Una ardilla
- Un venado
- Igor
- El murciélago